職場体験完全ガイド 会社員編

TBSテレビ
講談社
中日新聞社
エフエム徳島

69

マスメディアの会社

職場体験完全ガイド 会社員編 もくじ ....

＊本書掲載の内容は2020年3月末現在のものです。

この本で紹介している企業の「SDGsトピックス」について

●わたしたちが地球にくらしつづけるために、企業としてできること

SDGsは2015年に国連で採択された、「持続可能な開発」のための国際社会共通の目標です。「持続可能な開発」とは、未来の世代がこまることのないように、環境をまもりながら現在の世代の要求を満たしていくことです。2016年から2030年の15年間で、17の目標の達成をめざすことが決められました。採択には日本をふくむ150以上の国連加盟国首脳が参加しました。

SDGsは世界共通のものさしであり、国、組織、企業、学校、個人などそれぞれの立場で目標に取りくむことが可能です。企業には、その社会における責任をはたすために、技術や知恵、資金をいかして課題の解決に取りくむことが期待されています。とりくみを進めることで企業価値が高まり、新たな事業が生まれるという利点もあります。

この本では、環境保護や社会貢献活動といったサステナビリティ（持続可能性）を重視する企業を取材し、その企業がとくに力を入れているとりくみや、みなさんに知ってほしいトピックスを選んで紹介しています。

SDGsの17の目標

SUSTAINABLE
DEVELOPMENT
GOALS

目標1
貧困を
なくそう

目標2
飢餓を
ゼロに

目標3
すべての人に
健康と福祉を

目標4
質の高い教育を
みんなに

目標5
ジェンダー平等を
実現しよう

目標6
安全な水とトイレ
を世界中に

目標7
エネルギーをみんなに
そしてクリーンに

目標8
働きがいも
経済成長も

目標9
産業と技術革新の
基盤をつくろう

目標10
人や国の不平等
をなくそう

目標11
住み続けられる
まちづくりを

目標12
つくる責任
つかう責任

目標13
気候変動に
具体的な対策を

目標14
海の豊かさを
守ろう

目標15
陸の豊かさも
守ろう

目標16
平和と公正を
すべての人に

目標17
パートナーシップで
目標を達成しよう

TBS テレビ

TBS^{ティービーエス} テレビ

テレビカメラマン
山根卓也^{やまねたくや}さんの仕事

TBS テレビは東京都港区^{とうきょうとみなとく}に本社のあるテレビ放送局です。ニュースや情報番組^{じょうほう}、ドラマなど、さまざまなテレビ番組を制作^{せいさく}して放送しています。ここでは、テレビカメラマンとして、情報番組などを視聴者^{しちょうしゃ}にとどける山根卓也さんの仕事をみていきましょう。

TBS テレビ

1951年にラジオ放送局として開局し、2000年に東京放送ホールディングスのもとに、ラジオ部門（TBSラジオ）とテレビ部門が分業して、TBSテレビが設立されました。国内や世界じゅうのネットワークをいかした報道や、質の高いドラマの制作に定評があります。

株式会社 TBSテレビ

| 本社所在地 | 東京都港区 | 創業 | 2000年 | 従業員数 | 1,174名（2019年12月31日現在） |

全国に広がるネットワークをいかしたニュース番組

平日の夜に放送されている「NEWS23」など、TBSテレビのニュース番組は、きめ細かい取材で正確な情報を視聴者に伝えることに力を入れています。TBSテレビは、民間放送では日本初のニュースネットワーク*である「JNN（ジャパン・ニュース・ネットワーク）」の中心となる局として、全国の地方テレビ局をつなぎ、はば広い情報を集めています。

また、JNNは世界にも広がっていて、世界13都市にある海外支局からも、世界各地のニュースがよせられます。

▼ 「NEWS23」で、ニュースの現地からレポートする記者の様子です。全国のネットワークをいかして、すぐに現場にかけつけます。

語りつがれる名作や話題作など質の高いドラマ制作

「ドラマのTBS」とよばれるほど、質の高いドラマの制作に定評があります。「3年B組金八先生」や「JIN－仁－」のようないまでも語りつがれる名作や、「半沢直樹」などのような話題となった作品を数多く提供しています。

▲ドラマ「インハンド」（2019年4月〜6月放送）の撮影現場。プロデューサーを中心に、TBSテレビや外部のスタッフがたくさんかかわってつくられます。

家庭に笑顔と知識をとどけるバラエティー・情報番組

TBSのバラエティー番組は、出演者の個性をいかした「水曜日のダウンタウン」など、家族で楽しめる番組に人気があります。「ひるおび！」「王様のブランチ」など、くらしに役だつ情報をとどける番組にも力を入れています。

▲ 「水曜日のダウンタウン」の収録スタジオ。出演者をはじめたくさんのスタッフが、テレビの向こうに笑いをとどけられるよう、番組をつくっています。

＊民間放送のテレビ局が、ニュースの取材情報や映像を交換するネットワークのことです。

試合の中継だけでなく、スポーツの魅力を伝える情報番組も制作

　2年に1度行われる世界陸上や、プロ野球、ゴルフ、ボクシングなど、TBSではさまざまなスポーツの中継をしています。

　また、「S☆1」など、スポーツに関する情報番組の制作も行い、スポーツのすばらしさを視聴者に伝えています。

▲スポーツ番組「S☆1」は、スポーツのさまざまな疑問をほりさげて視聴者に伝えています。

映画や演劇などのエンターテインメントも提供

　TBSグループでは、映画制作や展覧会開催など、文化事業にも力を入れています。「TBS赤坂ACTシアター」「マイナビBLITS赤坂」「IHIステージアラウンド東京」という3つの劇場をもち、演劇やミュージカルなどの上演を行っています。

◀▼舞台の上映や映画制作でも人びとに感動をとどけています。

ⓒToru Hiraiwa

ⓒ2018映画「スマホを落としただけなのに」製作委員会

TBSテレビのSDGsトピックス》

アナウンサーによる視覚障がい者向けの朗読会

　1年間に8万点以上の本が出版されていますが、そのうち点字やオーディオブックになるのは10分の1以下といわれています。

　そこで、TBSグループでは、2013年からTBSアナウンサーによる「視覚障がい者向け朗読会」を行っています。これは、ベストセラー作家の作品を朗読して、目の不自由な人に楽しんでもらおうというイベントです。視覚にたよらずに文学作品に親しむ機会をつくり、共生社会の実現や公平な教育の機会に役だつようにとの思いからはじまっています。

　朗読会は、日本点字図書館や東京都盲人福祉協会などで、年に数回行われます。新人からベテランまで、はば広い世代のアナウンサーが参加します。アナウンサーならではの臨場感ある朗読が大人気で、多くの人が楽しんでいます。

2019年12月に行われた人気作家の作品の朗読会の様子です。会場は毎回多くの方でにぎわっています。

TBSテレビ

テレビカメラマン
山根卓也さんの仕事

テレビ番組の制作には、テレビカメラマンは欠かせません。テレビカメラマンには、おもに屋内のスタジオで番組を撮影するスタジオカメラマンと、ニュースやスポーツの現場に行って撮影を行う報道カメラマンがいます。ここでは、スタジオカメラマンとして活躍する山根卓也さんの仕事を紹介します。

全体の打ちあわせを行う

■番組制作には多くの人がかかわる

TBSテレビの番組制作には、大きく分けて3つの部門がかかわります。

1つは番組全体の責任をもち、全体をとりまとめるプロデューサーや、撮影現場を指揮するディレクターなどがいる「制作部門」です。そして、テレビカメラマンのほか、音声、照明など技術的な部分を担当するスタッフがいる「技術部門」と、セットや小道具を担当する「美術部門」です。

1つの番組をつくるために、毎日放送される情報番組でも100名以上、特別番組などではさらにおおぜいのスタッフ

カメラリハーサルの様子です。さおのようなものについたカメラはクレーンカメラといって、高いところから高さを変えて撮影できるカメラです。▼

がかかわっています。

■撮影前に打ちあわせやリハーサルを行う

多くのスタッフがかかわるので、撮影の前には打ちあわせやリハーサル*を行います。とくに年に数回しかないような特別番組の場合、1か月前から打ちあわせを行い、1週間かけてリハーサルを行うこともあります。

毎日放送される情報番組などはほとんどの場合、当日に打ちあわせを行います。

＊本番の撮影前に、本番と同じように進めて出演者の立ち位置やうつしかたなどを確認することです。

カメラの準備をする

■撮影に使用する　カメラの準備をする

1つの番組の撮影には、いくつものカメラが使われ、何人ものスタジオカメラマンが参加します。

テレビカメラにはたくさんの種類があります。情報番組では、スタンダードカメラという標準的なカメラや、上からの場面をとるクレーンカメラ、手もちで移動できて近くなどがとれるハンディカメラなどを、それぞれの役割におうじて使いわけます。

撮影の2時間前に、使用するカメラの電源を入れ、映像の色調を調整する「火入れ」という作業を行います。

■進行表を見ながら　担当の場面を確認する

どのカメラをだれが担当するかは、技術部門の責任者とチーフカメラマン*が決めます。毎日放送する番組の場合は、だいたい決まっています。

番組がはじまる1時間から30分前になると、テレビカメラマン全員とディレクターなどが集まって、事前の打ち

番組の進行表です。毎日の番組では、当日の打ちあわせで配られます。変更があれば、その場で書きこんでいきます。

大事なことや、変更点などをメモしながら打ちあわせを進めます。

あわせを行います。

打ちあわせは、出演者の配置や、かんたんな台本と番組の進めかたが分きざみで書かれた「進行表」を見ながら進めます。制作部門のディレクターが進行表の説明を行い、チーフカメラマンは、説明された映像をどのカメラでどのように撮影するのか、細かいカメラの動きを各カメラマンに指示します。カメラマンは自分が担当する場面をメモしておきます。

■テレビカメラを　スタジオに入れる

打ちあわせが終わると、山根さんたちは自分が担当するカメラを、倉庫から撮影するスタジオに運びます。そして、決められた位置にカメラを置き、番組がはじまるのを待ちます。

進行表を確認しながら、番組の開始を待っています。

＊撮影現場のカメラマンのリーダーのことです。

番組の撮影を行う

■進行表にしたがって撮影を行う

TBS の「ひるおび！」という情報番組では、スタンダードカメラが4台、クレーンカメラが1台、ハンディカメラが1台の構成が基本です。

4台のスタンダードカメラがおもなカメラです。ならび順に1カメ、2カメなどとよばれ、それぞれ撮影を担当するエリアが決まっています。基本的にはスタンダードカメラはステージの遠い側を撮影します。たとえば、1カメの位置はスタジオの左手ですが、撮影エリアはスタジオの右手の方向です。

6台のカメラでとられた映像は、スタジオの外にある副調整室に送られます。そこで

＜テレビカメラの配置＞

ステージ

1カメ

2カメ

5カメ（クレーンカメラ）

3カメ

4カメ

6カメ（ハンディカメラ）

進行表を手もとで確認しながらスタンダードカメラで撮影をします。▶

スイッチャーとよばれる人が、6台のカメラの映像のうちどれを使うのかを瞬時に判断して、切りかえを行っていきます。それが視聴者の見るテレビ画面に流れます。

カメラマンは進行表と打ちあわせの内容にしたがって撮影を進めていきます。

■視聴者のテレビ画面を意識して撮影する

番組の撮影で大事なことは、

「副調整室」－テレビ番組制作の心臓部

複数のテレビカメラが撮影した映像が送られる副調整室には、ディレクターやスイッチャー、技術部門の責任者（テクニカルディレクター）などがいます。ここではスイッチャーがテレビで放送する映像を選んだり、ディレクターがテレビカメラマンなど、スタジオにいるスタッフに指示を出したりしています。いわばテレビ番組制作の心臓部です。

カメラマンの判断で、進行表にない出演者の表情などを撮影することもあります。

テレビにうつっている画面を想像して撮影することです。たとえば、画面の上や下には説明の文字が入ることが多いので、上や下によゆうをもたせて撮影をします。

撮影中は、ずっと同じ位置にいるわけではありません。ねらった映像を撮影するために、カメラを左右に移動したり、出演者に近づけたりしています。移動はカメラマンどうし、だれがどの位置に行くかを確認しながら行います。

また、テレビカメラには自動でピントを合わせてくれる機能はついていないので、手動でピントを合わせないといけません。この判断が少しでもおくれると、視聴者にピントのぼけた映像が送られてしまうので、しっかりカメラを操作します。

撮影する内容をまちがえないように、撮影中に指示をしてくれる人がつくこともあります。

カメラをかたづける

■スタジオを撮影前の状態にもどす

番組の撮影が終了したら、かたづけをはじめます。別の番組撮影がそのスタジオで行われる場合は、次の番組のセットに変えないといけないので、スタジオを撮影前の状態にもどす必要があります。

カメラが残っていると作業がしづらいので、カメラマンはすばやく倉庫にかたづけます。次の番組で、自分の使っていたカメラを別のカメラマンが使う場合は、そのカメラマンにカメラの状態などを話して、引きつぎを行います。

■問題点の共有をする

同じ番組を担当したカメラマンどうしで反省会を行うこともあります。撮影した映像を見ながら、問題点やよかった点などを話しあいます。

自分で使ったカメラは、自分で倉庫まで運びます。

撮影後、必要におうじてカメラマンどうしで、問題点などについて話しあいます。

視聴者に存在を意識させない カメラマンでいたい

1987年兵庫県生まれ。学生時代はCG作成の研究をしていました。京都大学大学院修士課程を修了後、2012年にTBSテレビに入社。技術局に配属され、テレビカメラマンになりました。現在はスイッチャー、テクニカルディレクターとしても活躍し、情報番組や音楽番組などさまざまな番組を担当しています。

映像をつくる仕事がしたかった

Q この会社にはどうして入ったのですか？

わたしは、もともとテレビカメラマンになろうと思っていたわけではありません。最初はCG＊をつくる仕事をしたいと思っていました。きっかけは、子どものころに、『ジュラシック・パーク』や『マトリックス』などの映画のCG映像に感動して、自分もそんなすごい映像をつくりたいと思ったことでした。

就職を考えたときにも、最初は映画業界に入ろうと思っていましたが、テレビにも興味がありました。テレビ番組には、ドラマ、情報番組、スポーツ番組などいろいろな番組があるので、はば広くいろいろな映像がつくれるのではないかと思うようになりまし

＊コンピューターグラフィックの略語で、コンピューターでつくる画像のことです。

た。

当時、TBSテレビには、わたしの好きな『ピンポン』という映画の監督で、CG界では有名な曽利文彦さんがいたので、いっしょに仕事がしたいと思い、技術職に応募しました。わたしが入社したあと、曽利さんは別の会社にうつってしまいましたが、大きな影響を受けました。

入社当時はCG制作の部門への配属を希望していましたが、じっさいに配属されたのは制作技術部というところでした。ここは、テレビカメラや音響などに関する部署です。そこで気持ちを切りかえて、映像をつくることに直結しているテレビカメラマンとして、キャリアを積むことにしたのです。

Q 仕事をはじめて感じたことは？

テレビカメラマンの現場は時間に追われ、体力的にも精神的にもきびしいと聞き、最初は自分にできるのか不安に思っていました。

じっさいに仕事をはじめてみると、たしかにきびしい現場でしたが、映像を撮影するという、いちばんテレビ局ら

わたしの仕事道具 🔧

黒いTシャツ

カメラマンは番組制作では裏方の仕事で、基本的には、カメラマン自身がテレビ画面のなかにうつってはいけません。うっかりテレビ画面に入ってしまうことをテレビ用語で「見きれる」といいますが、もしそのようなことがあっても、なるべくめだたないように、いつも黒っぽい服装をしています。

しい仕事をしている実感を味わうことができました。とくに生放送は、1回勝負ですから、失敗はゆるされません。だからこそ、とてもやりがいを感じます。

TBSテレビでは、年に何回か、生放送の大きな特別番組があります。たとえば、毎年7月の中旬にある「音楽の日」は、お昼から次の日の朝5時まで放送する音楽番組で、このような大型番組では、1週間前から朝から晩までの打ちあわせやリハーサルを重ねて準備をします。「こんなふうに歌手にライトを当てるから、カメラはこう撮影します」というように、どんな映像にしていくのかを、場面ごとにしっかり決めていきます。

体力的にはものすごくたい

へんですが、本番が無事に終わると、大きな仕事をやりとげたという達成感があります。この達成感は、ほかの部署では感じられない、テレビカメラマンならではのものだと思います。

好奇心の強い人がいいカメラマンになれる

Q 仕事で大事にしていることはなんですか？

ふだんから心がけていることが3つあります。

1つは、ほかの仕事でも同じだと思いますが、まわりのスタッフとのコミュニケーションをしっかりとることです。そうでなければ、いい映像はつくれません。カメラマンどうしだけではなく、照明

撮影中はずっと立ちっぱなしなので、体力を使いますが、集中力をとぎれさせません。

などのほかの技術者とも事前によく打ちあわせをして、コミュニケーションをとることを心がけています。

2つめは、失敗してもそれを引きずらないことです。失敗はよくないことですが、いちいちくよくよしていては身がもちませんし、失敗から学ぶ技術もあります。ただ、同じ失敗は二度としないようにしています。

3つめは、自分の存在をテレビの向こうの視聴者に感じさせないように意識することです。これは、視聴者に映像の違和感をあたえないということです。完ぺきな撮影をすれば、視聴者はそこにカメラマンがいることを意識しません。意識するのは、カメラマンがちょっとミスをして画面がゆれるようなときです。視聴者にカメラマンを意識させず、見たいものに集中できるようにする、それがプロのテレビカメラマンの仕事だと思っています。

Q この仕事はどんな人が向いていますか?

何にでも興味をもつ好奇心の強い人のほうが、いい映像を撮影できると感じることがよくあります。

いろいろなことに好奇心のある人は、ふとしたときに生まれるおもしろさや、見のがせない大事な場面に、すぐに気づく感覚がみがかれているのです。だから、目の前でそんな決定的な瞬間があったときには、それをとりのがさないのです。

いろいろな経験を重ねて、好きなことや興味のあることを、どんどんふやしていってください。ふえた分だけ、いいテレビカメラマンになれると思います。

一問一答 Q&A

Q 小さいころになりたかった職業は?
恐竜の研究者

Q 小・中学生のころ得意だった科目は?
図工

Q 小・中学生のころ苦手だった科目は?
体育

Q 会ってみたい人は?
スティーブン・スピルバーグ、ジョージ・ルーカスなどの有名な映画監督

Q 好きな食べものは?
チョコレート

Q 仕事の気分転換にしていることは?
海外への一人旅

Q 1か月休みがあったら何をしたいですか?
何か国も海外をまわりたい

Q 会社でいちばん自慢できることは?
若手にどんどんチャンスをあたえてくれるところ

TBSテレビの
山根卓也（やまねたくや）さんの
一日

この日は1カメを担当（たんとう）し、進行表にしたがって、場面（めん）を撮影（さつえい）していきます。

お昼の情報番組（じょうほう）「ひるおび！」生放送の打ちあわせをします。前の番組で使ったカメラをそのまま使うので、火入れの作業はしません。

スタート！！

起床（きしょう）・朝食	出社		放送前の打ちあわせ	カメラの準備（じゅんび）	放送開始
7:00	9:00		9:30	10:00	10:25

24:00	19:00	18:00	15:00	14:00	13:50	11:55	11:30
就寝（しゅうしん）	帰宅（きたく）・夕食	退社（たいしゃ）	資料作成（しりょう）	反省会・昼食	放送終了（しゅうりょう）・かたづけ	放送再開（さいかい）	放送の休けい

山根（やまね）さんが、テクニカルディレクターとしてかかわる特番に向けて、カメラ配置などの資料（しりょう）を作成しました。

副調整室でほかのカメラマンたちと反省会をしながら、用意された弁当（べんとう）で昼食をとります。

お昼のニュース番組のあいだ、番組は休けいになりますが、番組の次のコーナーのカメラリハーサルをするなど、放送再開（さいかい）の準備（じゅんび）をします。

TBSテレビ採用担当の
木田将也さんに聞きました

**こんな人と
はたらきたい！**

☑ 伝えることを楽しめる人

☑ 新しいことに挑戦できる人

☑ 物事に疑問をもてる人

まじめに楽しいことを考える会社

　TBSテレビは、テレビ番組の制作だけでなく、映画や舞台、さまざまなイベントも手がける総合エンターテインメント企業です。

　「TBSテレビが提供する番組を見る人に、ちょっといい時間をおとどけしたい」と社員全員が考えています。どんなふうに見る人を楽しませるのかを、まじめに考えてとりくむのがわが社の社風です。

伝えることを楽しめる人に来てほしい

　テレビ局の仕事というのは、世の中の人たちに、いろいろな情報や楽しみ、気づきをとどける仕事です。とどける側であるわたしたちは、そうした新しい情報をだれよりも早くキャッチする必要があります。ですから、日常のことに疑問をもったり、新しいことに挑戦したり、それをどう伝えればいいかを考えることが楽しいと思える人をもとめています。

テレビ局の仕事に特別な能力や才能はいらない

　テレビ局に入るために、特別な勉強や能力、才能はいりません。ただ、世の中のことに興味や疑問をもってほしいと思います。また、スポーツ、音楽、勉強、どんなジャンルでもかまいませんが、何かおもしろそうだと思ったら、それに積極的にチャレンジすることも大切だと考えます。

　自分の興味をどんどん広げて、人に伝えたいものをつくっておくと、テレビ局に入るときに役にたつでしょう。

社員に子どもが生まれたあとも、子育てと仕事を両立できる、はたらきやすい職場にすることと、地域に貢献することを目的に、TBSテレビでは、広告会社の博報堂などと共同で「はなさかす保育園」を運営しています。

講談社
こうだんしゃ

週刊少年マガジン編集部
しゅうかん へんしゅうぶ

高長佑典さんの仕事
たかながゆうすけ

講談社は、雑誌や書籍、まんがなど、さまざまな出版物をつくり、販売している大手
ざっし しょせき しゅっぱんぶつ はんばい
出版社です。近年は、電子書籍などのデジタル事業も活発です。ここでは、週刊少年
マガジン編集部で、まんがの編集をしている高長佑典さんの仕事をみていきましょう。

講談社

講談社は、雑誌や本、まんがなどをつくっている、創業110年以上の大手出版社です。「世界一おもしろくて、ためになる」本をつくるという考えのもとに、人のくらしに役だち、心をゆたかにするさまざまな出版物やコンテンツをとどけています。

株式会社講談社

本社所在地 東京都文京区　**創業** 1909年　**従業員数** 920名（2020年2月2日現在）

さまざまな世代に向けて
多様なジャンルの書籍を出版

　小説やエッセイなどの文芸書やライトノベル、子ども向けの読みものや絵本、図鑑、生活に役だつ実用書など、手がける書籍のジャンルはいろいろです。長く読みつがれるベストセラーや話題作も数多く刊行しています。

▶東山彰良の小説『流』は、2015年に直木賞*を受賞しました。

『流』著：東山彰良

▼1977年に刊行された『100万回生きたねこ』は、40年以上、読みつがれている絵本です。

『100万回生きたねこ』作・絵：佐野洋子

▲▼年齢や性別を問わず、わくわくドキドキさせるまんがをたくさん出版しています。

『進撃の巨人』
著：諫山創

『ちはやふる』
著：末次由紀

子どもからおとなまで
世界じゅうで愛されるまんが雑誌

　講談社は1954年創刊の少女誌「なかよし」、1959年創刊の少年誌「週刊少年マガジン」、1982年創刊の青年誌「モーニング」をはじめとしたまんが雑誌、また「講談社コミックス」などのまんがの単行本を刊行しています。現在では40以上の国と地域で刊行され、海外でも大人気です。「MANGA」は、いまや国際語となり、世界を魅了する日本の文化です。

＊正式には「直木三十五賞」といい、読者を楽しませる大衆小説を書いた作家にあたえられる文学賞です。

総合誌から幼児誌まで、あらゆるジャンルの雑誌を刊行

　講談社は、雑誌の刊行から出版事業をはじめました。総合誌の「週刊現代」「FRIDAY」、文芸誌の「群像」、女性ファッション誌の「ViVi」、幼児誌の「おともだち」など、50誌をこえる雑誌を刊行しています。

▶スマートフォンやタブレットで、さまざまな書籍・雑誌を読むことができます。

マガポケ（少年マガジン公式漫画アプリ）

▲女性向けのファッション誌は、日本のおしゃれをお手本にしたいと、中国や台湾、香港などでも刊行されています。

デジタル事業を積極的に展開

　紙の出版物だけではなく、電子書籍やデジタルコンテンツにも力を入れています。まんがや雑誌を中心に、スマートフォンなどで楽しめる電子書籍の配信点数をふやしたり、ウェブサイトで読めるデジタルマガジンの刊行点数をふやしたりしています。デジタルの特性をいかした、すばやい配信や情報更新が魅力です。

講談社のSDGsトピックス》

4 質の高い教育をみんなに

多くの子どもたちに物語をとどける「全国訪問おはなし隊」

　日本じゅうの子どもたちに本を好きになってほしいという願いから、「本とあそぼう　全国訪問おはなし隊」という活動を行っています。２台のキャラバンカーで全国の幼稚園や小学校、図書館などを訪問し、自由に絵本を読んでもらったり、紙芝居や絵本の読み聞かせを行ったりしています。1999年にはじまって以来、各都道府県を１か月かけてまわり、これまでに日本を10周以上してきました。訪問した施設は２万2860か所にもなります（2019年11月現在）。この活動は各界から高い評価を得て、「メセナアワード*2018」のメセナ大賞にも選ばれています。

４トントラックを改造した、ピンクと青の２台のキャラバンカーで全国をまわります。車には、約550冊の絵本が積まれていて、子どもたちはキラキラした目で絵本を選びます。

講談社
週刊少年マガジン編集部
高長佑典さんの仕事

高長さんは、「週刊少年マガジン」という週に1回発行される雑誌のまんがを編集する仕事をしています。まんが家といっしょに、まんがの内容やキャラクターについて考え、アイデアを出し、話をつくっていくのが仕事です。毎週、まんが家と打ちあわせをして、1話ずつ作品をつくりあげていきます。

まんが家と企画を練る

■新しい連載まんがの企画を考える

まんがの編集は、まんが家と二人三脚で作品をつくりあげていく仕事です。

高長さんは、「週刊少年マガジン」の連載まんがの編集をしながら、世界一おもしろいまんがを世に出そうと、いろいろなまんが家と、日ごろから企画を考えています。

週刊誌に新しい作品を掲載するには、編集長の承認が必要です。「週刊少年マガジン」では、まんが家と編集者が協力してアイデアを出しあい、まんが家の個性をいかしながら内容をふくらませていくことを大切にしています。相談をしながら、ストーリーや登場人物の見た目や性格はもちろん、どういう役割なのかといった設定なども、細かくつめていきます。

大まかなストーリーが固まったら、まんが家に1話から3話までかいてもらいます。何度も修正をくりかえしてできたまんがを編集長に読んでもらい、掲載を検討してもらいます。ここで採用されないことも多いですが、編集長から許可が出れば、連載がスタートします。

■連載が決まったら毎週内容を検討する

連載がスタートするときに、話の大まかな流れなど、基本的なほね組みは決めています

週刊誌に掲載できる作品数にはかぎりがあるため、企画を通して連載を決めるのはむずかしいことです。まんがを編集長に見せて、意見やアドバイスをもらいます。

が、1話ごとにどう展開させるかは、毎週まんが家と相談して決めていきます。

まず、発売する3週間前に、どのような内容にするか話しあいます。読者からのアンケートをチェックして、その感想もとりいれながら、どうしたら作品がもっと魅力的になるのか、まんが家とアイデアを出しあって考えます。

まんが週刊誌連載のサイクル
(毎週水曜発売の「週刊少年マガジン」の場合)

発売の3週間前に内容を決める。	7〜10日で完成原稿を仕あげてもらう(並行して次の号の内容を決める)。	2〜3日で、セリフを入れて校了(→22ページ)する。

原稿を仕あげる

■ネームを確認して赤字を入れる

内容が決まると、まんが家に、ネームとよばれる下がき原稿をかいてもらいます。高長さんは読者の立場になってネームを見て、話がおもしろく伝えられているか、ページをめくりたくなる内容かを確認します。

たとえば、コマわりや絵の構図を見て、ここはもっと迫力のある絵がほしいとか、展開が単調に感じられるところは、ちがうパターンでかいてほしいなど、提案します。ふきだしのなかのセリフも、わかりやすいかどうかや、意図が伝わるかどうかを確認して赤ペンで指摘を書きこんで、まんが家に伝えます。

■セリフに指定を入れて製版所にわたす

まんが家から、高長さんの指摘をもとに完成させた原稿がとどきます。まんが家の仕

原稿が完成したら、指摘した点がなおっているか、ぬけがないかなどを一通り確認します。

事場にとりにいくこともあります。原稿の内容を確認したら、製版所にわたす準備を進めます。製版所では、まんがのふきだしのなかにセリフの文字を入れたり、印刷用のデータをつくったりします。

高長さんは、製版所が作業できるように、それぞれのふきだしごとに、入るセリフの級数(文字の大きさ)や書体

ネームを読みながら、よりおもしろくなるように、絵の構図やセリフ、コマわりなどについて修正してほしいことを赤ペンで書きこみます。

級数表（→24ページ）をふきだしに当てて、文字の大きさや書体を決め、セリフに指定を入れます。

（ゴシック体など、同じデザインの文字の集まり）を選び、赤ペンで指定を入れます。

同じセリフでも、文字の大きさや書体により伝わるイメージが変わるので、指定は編集者のうでの見せどころです。声が大きければ文字も大きく太い書体に、小さければ小さくて細い書体にします。指定を終えたら、製版所に原稿を送ります。これを入稿といいます。

翌日には、製版所から校正紙とよばれる文字の入った紙面がとどきます。文字が指定どおりに入っているか、バランスはとれているかなどを確認します。問題がなければ編集作業は終わりです。これを校了といいます。校了したら、印刷・製本して、全国の書店などにとどけられます。

単行本としてまとめる

■サイズを変更して、カバーと帯を考える

連載しているまんがが10話ていどたまると、それを単行本として1冊にまとめます。

単行本は週刊誌より小さくなるので、単行本のサイズに、組みなおした校正紙を製版所に作成してもらいます。ここで連載時の内容を修正することもあります。

そして、作品の顔となるカバーをどう見せるか、デザイナーとまんが家に相談して決めます。カバーにまく帯の宣伝文は、読者におもしろさを伝える大事な部分です。作品を魅力ある商品にするために、知恵をしぼります。

■宣伝会議で売りかたを検討する

単行本の売りだしかたを考えるのも担当編集者の仕事です。高長さんは宣伝会議に出席し、作品の魅力が伝わる売りかたなど、意見を販売部や宣伝部の担当に伝えます。

カバーと帯は、じっさいに印刷して、色味などを確認します。

宣伝会議では、書店で使ってもらうポップ*やポスター、インターネットの広告などで、作品の魅力をどう伝えていくかを各担当と話しあいます。

＊店頭でとくに売りたい商品のそばに掲示される、その商品の魅力をうったえる広告のことです。

インタビュー

講談社の高長佑典さんに聞きました

こうだんしゃ たかながゆうすけ

少年だったころの自分が
夢中になれるかどうかが大切

むちゅう

大阪府出身。2007年に大学を卒業後、出版社に就職し、少年まんがの編集部に配属されました。2018年に講談社に転職。同じく少年まんがの編集担当となり、10年以上少年まんがの編集をしています。小さなころから好きだった「週刊少年マガジン」のほか、月刊誌と週刊誌をあわせて7つの連載を担当しています。

まんが家と
いっしょに作品を
つくりあげる

**Q この仕事を選んだ
理由はなんですか?**

大学生のときに、1年間、アメリカに留学をしました。なかなか友だちができなかったのですが、あるとき、滞在していた学生寮から「ゴムゴムの〜！」というセリフが大音量で聞こえてきたのです。人気まんが『ONE PIECE』（集英社「週刊少年ジャンプ」）の主人公のセリフです。

聞こえてきた部屋へ行くと、アメリカ人の学生が英語の字幕でアニメを見ていました。「これは日本のアニメだよ」と声をかけたことから、とても仲よくなりました。

それがきっかけで、子どものころ、週刊誌が発売された次の日は、友だちとまんがの話ばかりしていたことを思い

だし、まんがにかかわる仕事がしたいと思ったのです。

Q まんが編集の仕事の むずかしいところは？

よい作品を生みだしたいと思っても、かくのはまんが家です。たとえ、おもしろいアイデアを思いついても、それがまんが家のかきたいものではないこともあります。自分のアイデアをおしつけても、作品はよくなりません。そこがむずかしいところです。

ですから、まんが家とは作品のことだけではなく、いろいろな話をたくさんしてとことん向きあい、信頼関係をきずくようにしています。

そのうえで、おたがいの意見を出しあうようにすると、思いもよらなかったアイデアが生まれるのです。「これはおもしろい！」と意見が一致したときはうれしいですね。2人のなかでイメージがどんどんふくらんでいくときには、とても興奮します。

Q 仕事をするうえで 気をつけていることは？

「週刊少年マガジン」の読者は子どもですが、子ども相手の作品をつくっていると思ったことはありません。子どもはきっとこういうものが楽しいのではないかと決めつけてしまうと、つまらないものになってしまうように思うのです。少年だったころの自分がわくわくするか、ドキドキするかということを基準に作品に向きあっています。

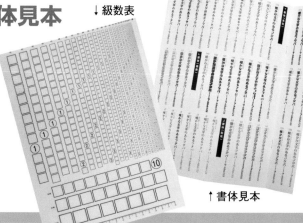

わたしの仕事道具

級数表と書体見本

↓級数表

文字の大きさ（級数）とデザイン（書体）を指定する道具です。弱よわしいつぶやきや、さけび声など、登場人物のセリフの感情が、見た目でも読者に伝わるように、級数と書体を選んでいます。

↑書体見本

一問一答

Q 小さいころになりたかった職業は？
通訳者・翻訳家

Q 小・中学生のころ得意だった科目は？
英語

Q 小・中学生のころ苦手だった科目は？
美術

Q 会ってみたい人は？
マイケル・ジャクソン（アメリカのミュージシャン）

Q 好きな食べものは？
塩むすび

Q 仕事の気分転換にしていることは？
プロレス観戦

Q 1か月休みがあったら何をしたいですか？
メキシコに行ってプロレスをみる

Q 会社でいちばん自慢できることは？
常識にとらわれず、おもしろいことを考える人が多いこと

講談社の高長佑典さんの一日

まだデビューしていない新人まんが家が、作品をもってきました。まんがを読んで、感想やアドバイスを伝えます。

スタート！！

出社したらメールを確認し、面会の約束やまんが家から原稿が送られてきているかをチェックします。

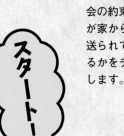

連載中のまんが家と打ちあわせです。次の話をどう展開させていくか、意見交換をします。

起床・朝食	出社・メールチェック	もちこまれたまんがを確認	昼食	まんが家と打ちあわせ
9:00	10:00	10:30	12:30	13:30

就寝	帰宅	入稿作業	原稿をとりにいく	校正紙のチェック	まんがの原稿チェック
24:00	22:00	20:00	19:00	16:00	15:00

手がきのまんが家から、原稿ができたと連絡がきました。大きな紙が入るケースをもって、原稿をとりに向かいます。

単行本のサイズに組みなおされた校正紙をチェックして、文字のまちがいなどがないかチェックをします。

まんが家から、原稿が送られてきました。ネームと見くらべて、修正点がないかどうかの確認をします。

講談社人事部の
宮屋敷陽子さんに聞きました

こんな人と
はたらきたい！

☑ 物語が好きな人

☑ 人の心によりそえる人

☑ だれにも負けないものがある人

新しい物語を
生みだしていく会社

　講談社は、「おもしろくて、ためになる」という理念をかかげて100年以上、本やまんが、雑誌などをつくってきた会社です。「"物語"製造会社」ともいわれています。だれしも、いろいろな思いや記憶をもち、自分だけの"物語"を心に秘めていると思います。

　その"物語"を、本やまんがなどの作品として世の中に送りだすことで、人びとの心をゆりうごかせるのが編集という仕事なのです。この仕事は、作家やまんが家の心によりそい、信頼されることも大事です。こうした作業がおもしろいと思う人と、いっしょにはたらきたいですね。

だれにも負けないくらい
好きなことを見つけて

　自分の知らない新しい世界を知るため、たくさんの物語にふれてほしいと思います。そして、何か熱中できることや、だれにも負けないくらい好きなことを見つけることも大切にしてください。それは、新しい物語をつくるのに役にたちます。

　社員のなかに、小さなころから競技かるたをやっていて、競技かるたのおもしろさをもっと知ってほしいと、これをテーマにしたまんがを企画した編集者がいます。それが人気まんがになり、競技かるたの人口はふえたと聞きます。

　このように、世の中に新しい物語がきずかれていくのを見るのは、編集者のやりがいです。自分の個性を大切に育ててください。

月に1回開かれる「ごちそう会」では、部署のかき根をこえて、さまざまな人たちが集まり、みんなでおいしいものを食べながら、交流をしています。講談社には、自由にものが言いあえる文化が根づいています。

中日新聞社
ちゅうにち

社会部ニュースデスク

阿部伸哉さんの仕事
あべ　しんや

中日新聞社は、愛知県名古屋市に本社がある新聞社です。「中日新聞」「東京新聞」など、
あいちけんなごやし　　　　　　　　　　　　　　　　　　　　　とうきょう
7種類の新聞を発行して、日びのニュースや情報を発信しています。ここでは、社会部
じょうほう
のデスクとして紙面をつくっている、阿部伸哉さんの仕事を見ていきましょう。

中日新聞社

中日新聞社は、中部地方の新聞社として、「中日新聞」や「中日スポーツ」を発行し、地域の目線を大事にした記事を発信しています。また、東京や北陸地方にも拠点があり、「東京新聞」や「北陸中日新聞」など、それぞれの地域の情報を伝える新聞を発行しています。

株式会社中日新聞社
本社所在地 愛知県名古屋市 **創業** 1942年 **従業員数** 2,923名（2018年12月1日現在）

1都15県に新聞を発行し 各地域に情報をとどける

中日新聞社では1都15県（茨城県、栃木県、群馬県、埼玉県、千葉県、東京都、神奈川県、富山県、石川県、福井県、長野県、岐阜県、静岡県、愛知県、三重県、滋賀県）で4紙の新聞を発行しています。中部地方でもっとも多くの人に読まれている「中日新聞」をはじめ、北陸地方で発行される「北陸中日新聞」「日刊県民福井」、関東で唯一の地元紙となる「東京新聞」があり、各地域の情報をとどけています。

▲愛知県、岐阜県、三重県の東海エリアを中心に、中部地方で根強い人気がある「中日新聞」。

▲首都圏を中心に、地域に密着した情報をとどける「東京新聞」。

60以上の地方版で 身近な情報を伝える

中日新聞社は、「中日新聞」「北陸中日新聞」「日刊県民福井」の3紙で60以上の地方版をつくり、地域に関する身近な情報をくわしく伝えています。

▲福井県で発行される「日刊県民福井」。

▲石川県、富山県で発行される「北陸中日新聞」。

▲地方版には、地域の事件やイベントなど、住んでいる人に身近な記事がのせられています。

子ども向けの 新聞を発行

「中日こどもウイークリー」は、中部地方の小学生を対象に発行される新聞です。大きな文字で、わかりやすく解説したニュースや、地域の話題を掲載しています。

▲写真をたくさんのせて、楽しく読めるくふうをしています。

地域に密着したニュースが充実したスポーツ紙

「中日スポーツ」は、中部地方で発行され、地域のスポーツチームやスポーツ大会などの情報をとどけています。

首都圏を中心に発行される「東京中日スポーツ」は、プロ野球やモータースポーツの情報が充実しています。

▲東海エリアで高い人気をほこる「中日スポーツ」。

▲関東で発行される「東京中日スポーツ」。

中部地方唯一のプロ野球球団「中日ドラゴンズ」の親会社

1936（昭和11）年に「名古屋軍」の名前で誕生した「中日ドラゴンズ」は、中部地方唯一のプロ野球球団です。現在は中日新聞社が球団の親会社となって、運営を行っています。野球を通じて中部地方に元気をあたえています。

▶中部地方では圧倒的に人気が高い中日ドラゴンズ。これまでのシーズンで2度、日本一に輝いています。

中日新聞社の
SDGsトピックス»

4 質の高い教育をみんなに

新聞に親しむことで情報を読みとき、考える力を養う

中日新聞社では、学校で新聞を活用してもらう「NIE（Newspaper In Education ＝教育に新聞を）」活動にとりくんでいます。現役の記者を学校に派遣し、新聞の活用方法や記事の書きかたを伝える「わくわく新聞講座」や、車内に紙面をつくるパソコンと高速印刷機を積んで、目の前で新聞を刷れる車「ドラゴン号」で特別号外の発行を行っています。子どもたちに新聞に親しんでもらうと同時に、「情報を読みとく力」「考える力」「問題を解決する力」を身につけてもらうことが目的です。

小学校で行われた「わくわく新聞講座」のようすです。学校に派遣された新聞記者が、子どもたちに新聞の読みかたや活用のしかた、記事の書き方などを教えたり、記者の体験や苦労話を紹介したりしています。

中日新聞社

社会部ニュースデスク
阿部伸哉さんの仕事

中日新聞社は新聞をつくる会社です。新聞には、政治や経済などさまざまな記事がのっています。阿部さんは、事件や事故をはじめ、はば広い社会問題の記事をあつかう社会部のデスクとして仕事をしています。デスクは新聞記者をとりまとめ、紙面をどのような内容にするか考えます。

紙面の内容を検討する

■数人のデスクが順番で紙面づくりを指揮する

中日新聞には朝刊と夕刊があり、経済や文化、社会などテーマごとに分かれた部署がそれぞれの紙面をつくります。紙面づくりには、取材して記事を書く政治部、経済部、社会部、運動部、文化部などの記者のほか、記事の原稿や写真を整理して、見出しやレイアウトを考える整理部、写真を担当する写真部、原稿のまちがいをチェックする校閲部などがたずさわります。

社会部にはトップにメーンデスク（メーン）とサブデスク（サブ）がいて、阿部さんをふくむ7人のデスクがもちまわりで担当しています。

■紙面の内容を前もって考える

デスクは、担当する日の前から、どんな記事を新聞にのせるのかを考えます。1週間の予定表を確認して、たとえば、その日に重要な裁判の判決が下される場合、裁判所を担当する記者に判決の見とおしなどを聞いておきます。

記事にかかわる仕事

メーンデスク・サブデスク

メーンデスクは社内の記者が書いた原稿、サブデスクは通信社*などから提供される原稿をとりまとめ、どのようにあつかうか決めます。みずからは原稿を書きません。

キャップ・記者

ニュースの現場に足を運び、取材をして原稿を書きます。記者はチームに分かれて取材を行うこともあります。キャップは、チームの記者をとりまとめ、みずからも原稿を書きます。

中日新聞編集局の社会部。およそ50人の記者が所属しています。▶

*国内外の記者が取材した記事を、メディア（新聞社や放送局など）に配信している会社で、各メディアが取材しきれないニュースや写真を提供しています。

■出稿計画一覧表を作成する

デスクの仕事を担当する当日は、出社したらまず記者から送られてくる記事の予定を確認し、「出稿計画一覧表」という資料をつくります。これは新聞の設計図にあたるもので、その日に掲載する記事の項目が箇条書きでまとめてあります。

新聞の設計図にあたる、出稿計画一覧表です。
▼

■担当者が集まり編集会議を行う

この一覧表をもとに、経済部や運動部などほかのデスクや、東京などほかの拠点にいる担当者と、編集会議を行います。

編集会議では、それぞれの

遠くの拠点にいる担当者は、電話を使って音声だけで編集会議に参加します。
▼

部署の一覧表を確認しあい、メーンの記事をのせる1ページめ（一面）に、どの記事をのせるかや、その記事をどのような切り口で読者に伝えるかなどが話しあわれます。

提稿作業を行う

■記事の内容を確認して整理部に送る

記者から送られてきた記事の原稿の内容を整えて、紙面のデザインをする整理部にわたす作業を「提稿作業」といいます。

編集会議が終わると、デスクは提稿作業をはじめます。デスクのパソコンには、専用のソフトを通して、記者たちから続ぞくと記事がとどきます。デスクは、その記事の内容を確認し、読者にとって読

みやすい文章になっているか、誤字や脱字はないかなどをチェックします。問題のある原稿は記者に書きなおしを依頼したり、自分で修正をしたりしてから、整理部に送ります。

ときには、提稿の作業中に大きな事件が起きることがあります。その場合は、現場に近い記者や、遊軍（担当分野をもたず、臨機応変に対応するチーム）の記者に取材を指

必要があれば、デスクが記者の原稿を修正します。
▼

示して、いちはやく新聞にのせられるようにします。

■記事に使う写真を確認する

提稿作業と同時に、記事に掲載する写真を選びます。各記事にどんな写真を使うのかは写真部が決めますが、一面

の記事に入る写真など重要なものは、ほかのデスクや整理部と検討します。

このときデスクは、「記事で伝えたい内容にいちばんふさわしい写真はどれか」という視点から意見をいいます。

何枚もある写真のなかから、いちばん記事に合う写真を選びます。

ゲラを確認して降版する

■組まれたゲラで見出しをチェックする

整理部から、記事に見出しをつけ、レイアウトして印刷した、ゲラとよばれる紙面がとどきます。デスクはおもに、整理部がつけた見出しが記事の内容に合っているかを確認して、問題があれば整理部に修正の指示を出します。

ゲラの修正が終われば、最終のデータが整理部から印刷部に送られます。これを「降版」といいます。

■すべての版を降版する

デスクの仕事はさらにつづきます。より新しい情報をのせるために、新聞は時間をずらしていくつもの版を作成していて、最初の版の降版が終わると、記事を最新の内容に修正して次の版の降版準備をします。最初に降版した版は、印刷所からもっとも遠い地域に配達されます。少しずつ時間をずらして版をつくり、印刷所に近い地域は最後に配達されます。朝刊では、午後7時から翌日の午前2時までかけて4つの版を降版します。

■交代の担当デスクに引きつぎをする

すべての版の降版が終わると、デスクの作業は終了です。朝刊デスクであれば次の夕刊デスクに、夕刊デスクであれば朝刊デスクに仕事をバトンタッチします。

次に担当するデスクには、その日のできごとや、のせた記事について続報が必要かなどの引きつぎを行います。

ゲラをチェックしたら、整理部と紙面の修正について話しあいます。▼

校閲部のスタッフもゲラを確認して、まちがいがあれば、▶デスクに指摘します。

次のデスクが出社していれば、直接引きつぎの内容を伝えます。▼

中日新聞社の阿部伸哉さんに聞きました

地域の人に向けてニュースをわかりやすくとどけたい

1967年静岡県生まれ。大学で政治学を学んだあと、アメリカ・テキサス州立大学の大学院に留学。帰国後、中日新聞社に入社し、大垣支局で記者としての経験を積みました。その後、社会部やニューヨーク支局勤務をへて、経済部デスク、ヨーロッパ総局長として活躍。2019年1月から社会部のデスクになりました。

新しい時代の新聞紙面を考える

Q どうして新聞社に入ったのですか?

　新聞社を選んだのは、じつは、あまり積極的な理由からではありません。アメリカ留学からもどってきたときに、自分の年齢で応募できる会社は、新聞社のほかにはあまりなかったのです。小学生のころから新聞が好きでよく読んでいたので、親近感があり、応募しました。

　中日新聞社を受けようと思ったのは、全国紙ではなく地方紙で、読者と記者の距離が近いと思ったからです。読者も地元の新聞社には親近感をもっていますし、記者も読者に近い地域の目線で記事を書いています。自分にとって、それは新聞のかたちとして理想的なものでした。

Q デスクの仕事の おもしろさとは？

デスクは、現場（げんば）の記者と、新聞のレイアウトをする整理部とをつないで、紙面をつくりあげるのが仕事です。

記者時代のように現場に出ることはありません。その名のとおり、ずっとデスクにすわりっぱなしで、自分が書いた記事を直接（ちょくせつ）読者に伝える喜びはありません。

でも、読者にどのように見せるか、記者が書いた記事を素材（そざい）にして料理をつくるように考えることができます。そこにおもしろさを感じています。とくにいまは、インターネットがあって、これまでのようには新聞が読まれない時代です。そんなときに、新しい時代に生きのこる新聞紙面とはどんなものなのかを考え、つくっていくことに、やりがいを感じています。

Q デスクの仕事で 大事にしていることは？

中日（ちゅうにち）新聞の読者は中部地方が中心です。どんなときでも地域（ちいき）の読者の目線を大切にしたいと思っています。全国的なできごとを伝えるときでも、それが各地域にどんな影響（えいきょう）をもたらすかをしっかり伝える紙面にすることを心がけています。

また、記者が読者にわかりやすい記事を書くことも大事です。記者にはよく、「記事に図をつけなさい」と言っています。図を加えれば記者も頭を整理できるので、読者にもわかりやすくなります。

わたしの仕事道具 🔧

指サック

指サックは指先にはめて、紙をめくるときに指のすべりをふせぐ道具です。デスクの仕事では、たばになった大量の紙をめくって記事をチェックするので、すべりどめがあると、めくりやすいので重宝（ちょうほう）しています。いろいろなものをためしてみて、この指サックがいちばんしっくりくるので愛用しています。

中日新聞社の
阿部伸哉さんの
一日

この日の編集会議では、大きな問題はなく、一面にする
記事がすぐに決まりました。

＊朝刊のメーンデスクを担当する場合

スタート！！

前日が夕刊担当だったので、
おそい出社です。出社した
らすぐに、夕刊担当から引
きつぎを受けます。

起床	新聞やテレビの ニュースをチェック	出社・ 夕刊担当から引きつぎ	出稿計画一覧表を 作成	編集会議	整理部と 打ちあわせ
11:00	12:00	14:00	16:00	16:30	17:30

5:00	4:00	3:00	1:45	19:00	18:00
帰宅・就寝	夕刊担当への 引きつぎ書の作成・退社	他紙の記事を チェック	最終版の提稿 完了	提稿作業 開始	夕食

夕刊デスクを担当する場合

　7：30　出社・朝刊担当からの
　　　　　引きつぎ書を確認
　9：00　出稿計画一覧表を作成
　9：30　編集会議・整理部と
　　　　　打ちあわせ
10：00　提稿作業
13：45　提稿完了
14：00　朝刊担当に引きつぎ
14：30　昼食
16：30　帰宅

ほかの新聞社の新聞がとどきました。スクー
プ記事がないかや、同じニュースをどう書い
ているかなどをたしかめます。

整理部から紙面のレイアウト
について相談がありました。

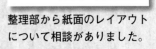

中日新聞社人事部採用担当の
村瀬峻さんに聞きました

こんな人とはたらきたい！

- ☑ 人に会うのが好きな人
- ☑ 好奇心が強い人
- ☑ 地域のことを考える人

社員を家族のように思ってくれる会社

中日新聞社は社員がやりたいことを、どんどん後おししてくれる社風が自慢です。また、社員を家族のように大切に考える会社でもあります。

とくに、女性にとっては、仕事と育児を両立できるような制度がたくさんあるので、はたらきやすい会社です。そのためこの数年、女性社員がどんどんふえています。

疑問を見つけられる人とはたらきたい

新聞記者は人に話を聞く仕事なので、人に会うのが好きなことは大切です。

また、どんなことにも興味をもち、そこに疑問を見つけられる人には、ぜひ来てほしいですね。「なぜ」と思うことはとても大切です。いろいろ調べることで自分なりの意見をもてるようになり、意見のちがう人とも話ができるようになります。すると、もっと理解が深まっていきます。新聞記者として、大事な資質だと思います。

また、中日新聞は名古屋を中心とした地方の新聞です。全国だけでなく、地方からの視点をもっていることも大切です。

新聞を読んで興味を広げてほしい

みなさんには興味をもって新聞を読んでほしいですね。新聞にはいろいろな情報が書かれているので、自分の興味を広げるのに役にたちます。そうして知ったことを、会話や文章で人に伝える習慣をつけておくとよいと思います。

中日新聞社は子育て世代がはたらきやすい社会をめざして、活動しています。東京新聞の記者たち（写真左）が運営しているウェブサイト「東京すくすく」（写真上）では、子育てに役だつ情報を発信しています。

営業

FM TOKUSHIMA

エフエム徳島
とくしま

営業部
えいぎょうぶ
林利憲さんの仕事
はやしとしのり

エフエム徳島は、徳島県徳島市に本社を置く、ラジオ番組を放送するFMラジオ局です。
エフエム
ここでは、ラジオ番組で商品の宣伝をしたい広告主をさがし、広告主のコマーシャルや
せんでん
オリジナルの番組を企画する、営業部の林利憲さんの仕事を見ていきましょう。
きかく

エフエム徳島

エフエム徳島は、徳島県民に向けて、地域で役だつ情報や音楽などを放送するラジオ局です。地域の住民が元気で安全にくらせるまちづくりにも力を入れています。「ride ON!(乗りつづける!)」を大事に、新しい番組やイベントの制作にチャレンジしています。

株式会社エフエム徳島
本社所在地 徳島県徳島市　**創業** 1991年　**従業員数** 16名（2019年11月30日現在）

徳島県のおよそ75万人に向けてさまざまなラジオ番組を放送する

　エフエム徳島は、徳島県全体に向けてFM放送*でさまざまな番組をとどけています。金曜日の昼すぎから夜まで、長時間にわたって、県内のニュースや情報を伝える「FRIDAY ON LINE」は人気の番組です。全国のFM放送局とも提携していて、休日や夜は「エフエム東京」など、提携する放送局が制作した番組を放送し、平日の朝と夕方を中心に、オリジナルの番組を制作、放送しています。また、FM放送の特徴をいかして、音楽も多く流しています。

FRIDAY ON LINE
- FIVE COLORS RADIO -
金曜 13:00～18:55
🐦 #fol807 #FM徳島
@fol807

weekendとあなたがつながる!
goodmusicとあなたがつながる!

聴いたあなたはＦＯＬファミリー!
ＦＯＬファミリー続々拡大中!

◀「FRIDAY ON LINE」は、ニュースや情報を伝えるだけでなく、人気のパーソナリティー（ラジオ番組の司会者）2人が語る身近な話題や音楽が好評です。

▶番組でかけるための大量の音楽CDが保管された倉庫です。

▼番組の収録や放送を行うスタジオ。

ガラスばりのスタジオで地域の人びととより近い存在に

　エフエム徳島は、地域の人びとと近い存在になることに力を入れています。2020年の夏に移転する徳島駅のビルには、番組の収録風景が見えるガラスばりのオープンスタジオがもうけられ、ラジオをもっと身近に感じてもらえるようにすることと、ラジオの収録風景を見にくる人たちで、駅前がにぎわうことをめざしています。

＊FM放送は、電波のとどくはんいはせまいですが音質がよいのが特徴です。これに対してＡＭ放送は、電波のとどくはんいが広いですが音質はあまりよくありません。

リスナーとパーソナリティーが ふれあえるイベントを開催

エフエム徳島は、リスナーとの関係を大事にしています。公開放送などで、リスナーがパーソナリティーや番組のスタッフとふれあえるイベントは人気です。徳島の伝統「阿波おどり」では、リスナーとパーソナリティーが、「連」とよばれるチームを組んでいっしょにおどります。

▲阿波おどりで連を組んだリスナーとパーソナリティーです。阿波おどりの期間には、アーティストをよんで公開生放送をするなどして、リスナーといっしょに阿波おどりをもりあげます。

▲徳島県美馬市の歴史ある劇場で開催されたライブイベントです。プロのミュージシャンと、県内で活動するアマチュアのミュージシャンが出演しました。

音楽のつながりをいかして、 アーティストのライブなどを開催

ラジオ局では、番組で音楽をかけたり、アーティストが出演したり、音楽に関係のある人といろいろなつながりができます。このつながりをいかして、エフエム徳島では、アーティストのライブや、地元の大学の学園祭でのライブイベントなど、オリジナルのイベントも企画して開催しています。

エフエム徳島の
SDGsトピックス»

11 住み続けられる まちづくりを

「防災ハンドブック」や防災教室を通じて 災害に強いまちづくりに貢献

ラジオと防災は関係が深く、災害時、被害状況などを確認するのにラジオが活躍しています。

エフエム徳島では、人びとが長く住みつづけられるまちづくりを目ざして、地域の防災力を高める活動をしています。たとえば、エフエム徳島の社員の半分が「防災士」の資格をとって防災の知識をもち、防災教室を開いたり、「防災ハンドブック」という無料の冊子をつくって、県内のいろいろな地域の役所や学校に配ったりしています。

毎年、最新の情報を加えて、10万部を発行しています（データのダウンロードもできます）。地震や津波、台風などの災害で予想される県内の被害、避難の注意点などが説明されています。小学校の総合学習で、この冊子を使って、住んでいる地域の防災について勉強することもあります。

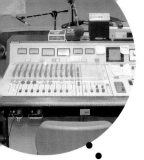

営業部（えいぎょうぶ）
林利憲（はやしとしのり）さんの仕事

ラジオ局には、番組のあいだに流すコマーシャル（CM）のわくなどに広告を出して、放送を支援（しえん）してくれる広告主が必要です。エフエム徳島の営業部に所属（しょぞく）する林さんは、新しく広告を出してくれる会社をさがしたり、すでに広告を出してくれている広告主に新たなCMや企画を提案（ていあん）したりする仕事をしています。

広告主を見つける

■町やラジオで企業（きぎょう）の情報（じょうほう）を集める

ラジオ放送は、無料できくことができます。それは、ラジオの放送のなかで、お金をはらって広告を出す企業（広告主）がいてくれるからです。

そのために、新しい広告主を見つけることは大切です。林（はやし）さんは、いろいろな方法で情報を集めています。たとえば、ほかのラジオ局の番組で、エフエム徳島（とくしま）には広告を出していない企業のCM（シーエム）を聞いたらチャンスです。ラジオで宣（せん）伝（でん）することに興味（きょうみ）のある企業だからです。

また、町で工事現場（げんば）を見かけたときには、どんな企業が建てているのか、看板（かんばん）を見て確認（かくにん）します。新しい店ができるのなら、その企業は宣伝する機会をさがしているかもしれません。

■何度も訪問（ほうもん）をしてねばり強く交渉（こうしょう）する

このようにして気になる企業を見つけたら、訪問して広告を出さないか、お願いをします。最初の訪問ですぐに広告を出すと決める企業はほとんどありません。最初はだめでも訪問を重ねて、相手にいやがられないよう気をつけながら、ねばり強く交渉をつづけます。

交渉するときに、自分の会社のことや広告のことばかりを話しても聞いてもらえません。林さんはまず、その企業の商品やサービスのよいと思うところを、自分が使う立場から話します。そして、そのよさを世の中の人にもっとわかってもらうために、ラジオ

建築中（けんせつちゅう）の建てもの、新しいお店など、町にも大事な情報（じょうほう）があります。新しい広告主になってくれそうな企業（きぎょう）の情報を見つけたら、しっかりメモをとっておきます。

40

地元の話題がたくさんのっている徳島のタウン誌を読んで、ラジオに広告を出すと効果のありそうな商品やサービスのある企業がないか、調べます。

でどんなことができるのか、どんな効果があるのかを伝えていきます。

■話をじっくり聞いて相手のニーズを知る

はじめは乗り気ではなかった相手も、何度か林さんの話を聞くうちに、商品の売りかたでこまっていることや、どんな宣伝をしたいと思っているか、自分の会社や商品のことを話してくれるようになります。そんな反応があったら、

よいサインです。じっくり話を聞いて、相手のこまっていることや希望に合わせて、どんなCMをつくって、どんな番組で流すとよいか、アイデアを伝えます。相手が喜ぶことを一生懸命やることで相手の心を動かすのです。

広告主から新商品や新サービスの情報を聞いて、効果のあるCMやイベントを提案します。

■80社の広告主を定期的に訪問する

営業部では、広告主に継続して広告を出してもらえるよう、定期的に会社を訪問します。林さんが担当する広告主は約80社です。会社をまわりながら、新しいCMの制作やイベントの企画の要望がないか確認したり、提案したりします。

CMや番組をつくる

■広告主と相談してCMの原稿を書く

広告を出すことが決まったら、林さんは、広告主と内容を相談しながら、CMの原稿をつくります。

CMの秒数には、さまざまなパターンがありますが、いちばん多いのは20秒です。短い時間なので、あれもこれも

いうのではなく、ポイントをしぼってわかりやすく伝えることが大事です。

原稿ができたら、番組制作をする部署に録音をお願いします。かける音楽や効果音、原稿を読む人の声の感じや読みかたなど、広告主の希望を伝え、イメージに合うようにつくってもらいます。

原稿をつくったら、商品のよさやポイントが伝わる内容になっているか、しっかり確認します。

■広告主のオリジナル 番組をつくる

広告には、CMのほか、番組のなかで店のセールやイベントの情報をお知らせする「番組パブリシティ」や、広告主がお金を出してオリジナル番組をつくる「番組提供」などがあります。

番組提供では、その広告主の商品やサービスの宣伝をするだけでなく、音楽や文化的な内容ももりこみます。広告主が文化活動を支援している場合、そうすることで、企業イメージがよくなる効果もあります。

林さんは、広告主の希望をくみとり、宣伝効果が出るよう、CMや番組の内容を考えて提案します。

広告主と、オリジナル番組の収録に立ちあいます。あいまには、新しい企画についても相談します。

広告主の会社の社員が出演するオリジナル番組の収録のため、広告主やパーソナリティーと、番組の進めかたや放送で話す内容を確認します。

イベントを提案する

■公開放送や 店内ライブを企画する

広告主に、イベントの提案をすることもあります。たとえば、広告主が提供している番組の公開生放送を行って、リスナーとふれあう機会をつくります。また、広告主の店でアーティストのライブを行ったり、お祭りのように屋台を出したりして、近くに住む人たちを店によびこむこともあります。

学園祭やライブなど、多くのお客さまがおとずれる大きなイベントを企画して、複数の広告主に少しずつお金を出してもらう場合もあります。

林さんは知恵をしぼり、広告主の宣伝になり、事業がもりあがる企画を考えます。

広告主の店で行った公開生放送の様子です。アーティストのライブもあり、リスナーや店の近くに住む人がおおぜい集まりました。

エフエム徳島の林利憲さんに聞きました

インタビュー

徳島に住みたい人がふえる ようなイベントをやりたい

1979年徳島県徳島市生まれ。大学時代は神戸ですごし、大きなCD店でそれまで知らなかったアーティストの曲をきいたり、アーティストのライブに行ったりして、音楽に夢中の日びでした。大学を卒業し、福祉関連の専門学校の職員としてはたらいたあと、2004年にエフエム徳島に入社。以来ずっと営業部で仕事をしています。

つねに 新しいことに とりくめる仕事

Q この会社に入った 理由はなんですか？

この会社に入る前にはたらいていた専門学校で、学校のCMをエフエム徳島で流していました。それがきっかけで、採用試験を受けないかとさそわれたのです。

専門学校では、イベントの企画や、生徒を集める営業のようなことをしていて、その仕事が好きでした。ラジオの営業も、共通するところがあると思い、試験を受けたところ、合格できました。

Q この仕事のおもしろい ところは？

同じことをやらないところです。長いあいだ契約している広告主でも、季節や新商品の発売などに合わせてCMを新しくします。

イベントの企画も、前と同じにはせずに、新しいことをかならずやるようにします。そのため、どの広告主の仕事でもあきることはなく、いつも新しい刺激があります。

Q 仕事をするうえで 心がけていることは？

CMや番組をつくるには、番組をつくる人やアナウンサーの協力が必要です。だから、社内でだれがどんな番組をつくっているのか知るようにしています。「いい放送だな」と思った番組があれば、それをつくった人に伝えます。

広告主と同じくらい、いっしょにはたらく人たちとも話す機会をつくって、おたがいを知っておくことが大事だと思っています。

わたしの仕事道具 🔧

名刺と手帳

営業の仕事に名刺は欠かせません。はじめて会う人には、かならず名刺をわたして、名前を覚えてもらうようにします。手帳は、予定をわすれないよう書きこむだけではなく、広告主になりそうな企業を見つけたときや、いい企画を思いついたときなどにメモしています。

Q これからの目標を 教えてください

他県の人も徳島に来たくなるような、イベントをやりたいですね。いままで徳島でライブをやったことのないアーティストをよべたら最高です。

県外の人に徳島を知ってもらい、徳島に住みたい人をふやすきっかけにできたらいいですね。住む人がふえれば町が元気になります。徳島が元気でにぎわう町になる手伝いをしたいと考えています。

徳島が好きな林さんは、会社が参加した「阿波おどり」を担当、関連したイベントでは司会をつとめました。

一問一答 Q&A

Q 小さいころになりたかった職業は？
プロ野球選手

Q 小・中学生のころ得意だった科目は？
体育、算数、社会（とくに日本史）

Q 小・中学生のころ苦手だった科目は？
英語、国語

Q 会ってみたい人は？
イチロー（元プロ野球選手）

Q 好きな食べものは？
からあげ

Q 仕事の気分転換にしていることは？
カラオケ

Q 1か月休みがあったら何をしたいですか？
国内の行ったことのないところに旅行

Q 会社でいちばん自慢できることは？
みんなが前向きで、新しいことに挑戦するところ

エフエム徳島の 林利憲さんの 一日

資料をもって、広告主のところに行きます。いろいろな場所に出かけられるのが、この仕事の楽しい点です。

スタート！

「汽車*」に乗って出社したところです。

メールの確認をしたり、広告主に見せる資料をつくったりします。

起床・朝食	家を出る	出社	部内会議	メールチェック・資料づくり	外出
6:30	8:00	9:00	9:30	10:30	11:00

就寝	子どもと遊ぶ	帰宅・夕食	退社	会社にもどる・整理	広告主をまわる	昼食
24:00	20:30	19:45	18:20	17:00	13:00	12:00

広告主にたのまれたことがあれば、会社に帰ってすぐにとりかかります。一日の仕事内容をまとめ、上司に報告する書類もつくります。

午後も広告主のところをいくつか訪問したり、新しい会社にも営業に出かけたりします。

広告主の企業をまわる途中に、あいた時間を使って自由に昼食をとります。天気のよい日はお弁当を買って公園で食べることもあります。

＊徳島県には、電気で動く「電車」はなく、軽油で動く「汽車」が走っているため、「電車がない」県といわれています。

エフエム徳島採用担当の
今川泰志さんに聞きました

こんな人とはたらきたい！

☑ アイデアを出せる人
☑ 多くのことに興味がある人
☑ 人と話すのが好きな人

新しい時代に向けてチャレンジが大切

エフエム徳島では、ラジオ番組の内容を考えてつくる人、ラジオで話すアナウンサー、広告主を集めたりイベント企画を考えたりする営業、放送の機材をあつかう技術者などがはたらいています。

ラジオ番組やイベントを通して、情報を伝え、楽しみをとどける会社ですから、いつも同じことをやっていてはいけません。チャレンジすることを大切に考えているので、エフエム徳島ではたらく人は、これからの時代に合う、みんなが楽しめるような新しいアイデアをたくさん出せる人であってほしいと思います。

いろいろな話題で人とつながりをつくる

アイデアを出すためには、いろいろなことに興味をもつことが大事です。興味のはばが広がると、話すこともたくさんでき、人とのつながりも生まれます。これはラジオの仕事で大事なことです。

アナウンサーなら、興味のあることについて、「こんなこと知ってますか？」とリスナーによびかけ、いろいろな返事をもらうことで、番組をおもしろくできます。営業なら、広告主との会話がはずみ、新しい企画につながります。人と話すことが好きで、話すための話題をたくさんもっていると、よい仕事ができるのです。

みなさんも、「これはきらい」「これは苦手」と決めつけずに、いろいろなことに興味をもってみてください。

徳島市内で行われた、生演奏に合わせて花火を打ちあげる「音楽花火」で、会場の様子をラジオで生中継しました。目で見て楽しむ花火をラジオで伝えるのはむずかしいことですが、社員みんなでチャレンジしました。

仕事の種類別さくいん

会社ではたらく人のおもな仕事を、大きく10種類に分けてとりあげています。
このさくいんでは『職場体験完全ガイド』の61〜70巻［会社員編］で紹介した、すべての会社の巻数と掲載ページを調べることができます。

■取材協力

株式会社 エフエム徳島

株式会社 講談社

株式会社 中日新聞社

株式会社 TBS テレビ

株式会社 東京放送ホールディングス

ネッツトヨタ徳島 株式会社

■スタッフ

編集・執筆	安藤千葉
	大宮耕一
	田口純子
	三島章子
撮影	糸井康友
	大森裕之
	上飯坂真
イラスト	宮下やすこ
校正	菅村薫
	渡辺三千代
デザイン	sheets-design
編集・制作	株式会社 桂樹社グループ

職場体験 完全ガイド 会社員編　　　マスメディアの会社 **69**

TBSテレビ・講談社・中日新聞社・エフエム徳島

発行　2020年4月　第1刷

発行者　千葉 均

編集　柾屋 洋子

発行所　株式会社 ポプラ社

〒102-8519

東京都千代田区麹町4-2-6

電話　03-5877-8109（営業）

　　　03-5877-8113（編集）

ホームページ　www.poplar.co.jp

印刷・製本　大日本印刷株式会社

ISBN978-4-591-16545-4

N.D.C.366　47p　27cm

Printed in Japan

ポプラ社はチャイルドラインを応援しています

18さいまでの子どもがかけるでんわ

チャイルドライン®

0120-99-7777

毎日午後**4**時〜午後**9**時 ※12/29〜1/3はお休み

 電話代はかかりません 携帯（スマホ）OK

18さいまでの子どもがかける子ども専用電話です。
困っているとき、悩んでいるとき、うれしいとき、
なんとなく誰かと話したいとき、かけてみてください。
お説教はしません。ちょっと言いにくいことでも
名前は言わなくてもいいので、安心して話してください。
あなたの気持ちを大切に、どんなことでもいっしょに考えます。

 チャット相談は
こちらから

仕事の現場に完全密着！ 取材にもとづいた臨場感と説得力!!

職場体験完全ガイド

全70巻

N.D.C.366（職業）

図書館用特別堅牢製本図書